大浪淘沙

湮没于海上丝绸之路的宝藏

"南澳Ⅰ号"上的宝藏

向斯 著

山东美术出版社

图书在版编目（CIP）数据

大浪淘沙：湮没于海上丝绸之路的宝藏．"南澳Ⅰ号"
上的宝藏/向斯著．— 济南：山东美术出版社，2020.6（2021.6重印）
（沉没：悲伤悲壮的传奇）
ISBN 978-7-5330-7886-7

Ⅰ．①大… Ⅱ．①向… Ⅲ．①海上运输－丝绸之路－
历史－中国－青少年读物 Ⅳ．①K203-49

中国版本图书馆CIP数据核字（2019）第294878号

DALANG TAOSHA: YANMO YU HAI SHANG SI CHOU ZHI LU DE BAOZANG   "NAN'AO Ⅰ HAO" SHANG DE BAOZANG

大浪淘沙：湮没于海上丝绸之路的宝藏   "南澳Ⅰ号"上的宝藏

向斯 著

策　　划：	迟　云
统　　筹：	曹　飞
责任编辑：	赵　玲　李英蕾　李雅萌
美术编辑：	袁　祯
装帧设计：	悦　菡
审　　校：	纪如玥
主管单位：	山东出版传媒股份有限公司
出版发行：	山东美术出版社
	济南市历下区舜耕路20号佛山静院C座（邮编：250014）
	http://www.sdmspub.com
	E-mail: sdmscbs@163.com
	电话：(0531) 82098268　传真：(0531) 82066185
	山东美术出版社发行部
	济南市历下区舜耕路20号佛山静院C座（邮编：250014）
	电话：(0531) 86193019　86193028
制　　版：	青岛海蓝印刷有限责任公司
印　　刷：	三河市嵩川印刷有限公司
开　　本：	787mm×1092mm　1/16　6印张
字　　数：	40千
版　　次：	2020年6月第1版　2021年6月第2次印刷
定　　价：	22.00元

目录

湮 没 于 海 上 丝 绸 之 路 的 宝 藏

1

"南澳 I 号"

◎ **命名**

　　自古以来广东地区就是我国海上丝绸之路的一个重要起点，其周边海域保留了大量海上丝绸之路的遗存。在有着"海上敦煌"之称的"南海Ⅰ号"沉船被打捞出水之后，与之齐名的另一艘沉船满载着瓷器宝货出现在人们的视野，它就是"南澳Ⅰ号"。

2007年5月22日，当渔民在广东省汕头市南澳县捕鱼时，无意间发现了一艘沉船。最初，因循"南海Ⅰ号"的名称，专家们将它称为"南海Ⅱ号"。两年后，国家文物局将其更名为"南澳Ⅰ号"。

◎ **沉船上的宝藏**

　　"南澳Ⅰ号"古沉船长度不小于25.5米，宽度不小于7米，共有25个舱位，是迄今为止发现的舱位最多的明代沉船。由于船体的表面覆盖着泥沙和大块凝结物，所以它并未受到严重的腐蚀，受到的破坏也比较小，隔舱和船舷得以较完整地保存下来。不过，

四门火炮

在漫长的时光流转中，古船的上层结构已经荡然无存。根据隔舱板和船体上部凝结物的状态我们可以看出，古船处于正沉状态，不曾倾覆，沉没时接近正南北方向。

"南澳Ⅰ号"出水文物数量庞大，以瓷器为主，其次是陶器、铁器、铜器、锡器等。另外，船上还有至少四门火炮和疑似炮弹的圆形凝结物，各种果核食品等有机物也是数不胜数。这艘沉船，被评选为"2010年度全国十大考古新发现"之一。沉船上出水的瓷器主要来自中国东南沿海地区的民窑。根据瓷器的造型特征，专家推断"南澳Ⅰ号"应是明代中晚期的一艘商船。这艘沉睡了近五百年的明代古商船，不仅是一座丰富的海底文物宝库，印证了古代海上丝绸之路的繁盛，而且它为复原明代的航海、对外贸易、造船等社会商业生活的方方面面都提供了宝贵的资料，带我们去了解明代热闹繁荣的市井生活。接下来，让我们一起走近"南澳Ⅰ号"。

『南澳I号』船只模型

湮 没 于 海 上 丝 绸 之 路 的 宝 藏

2

"南澳Ⅰ号"的
发现和打捞

◎ "沉东京，存南澳"的传说

在辽阔的南海，有一个生机勃勃的绿洲——南澳岛。这里气候温暖，阳光灿烂，水质清澈，港口幽深，是难得的优质港湾；这里濒临西太平洋主航线，处在香港、高雄、厦门这三大港口城市的中心点上，地理位置十分优越；这里自古以来一直是东南沿海商船的停泊地和中转站，是国际贸易的必由之路，吸引着来自世界各地的商船。

明代，南澳被称为南澳港，享有"海上互市之地"的美称，是当时粤东的海外贸易活动中心。每年四五月间，各地海商聚集于此，进行互市贸易。每当三四月东南风乍起之时，南澳的商船结伴出航，由南澳进入福建、浙江等地贸易；八九月间，西北风开始盛行时，他们便满载丝织品、棉织品，返回南澳，或与本地的海外商人贸易，或一路扬帆远航到东南亚做生意。年年岁岁，南澳的商人就是这样乘坐商船南来北往，牟取巨利。南澳渔民在捕鱼时，时不

13

时会打捞出瓷碗、瓷瓮等精美的用具。有时，
渔船还会触到海中类似建筑的物体。大家对
此十分惊异，便渐渐流传起了南澳旁边曾经
有一座东京城的传说。

南澳島

相传，很久以前，南澳岛的东面有一座
东京岛，上面有一座神秘的古城——东京城。
东京岛形如鼎盖，南澳岛形如酒盅，两者由
一条蜿蜒曲折的石板路连接起来。天帝赐给

掌管东京的男岛神一个鼎盖，赐给掌管
南澳的女岛神一个酒盅。这是两件珍贵
的宝物，由两位天神随身携带，可保证
两座小岛的平安。

有一天，女岛神登山游玩。她站在高高的山顶上，举目远眺，是汹涌澎湃的无垠海面；近观足下，是自己掌管的美丽小岛。看着看着，她脑海中浮起一个念头：大海辽阔无边，小岛虽然美丽，却只有一只酒盅那么大啊！如果将"酒盅"置身于大海，承受惊涛骇浪的冲击，小岛就有灭顶之灾，如此险境该如何是好？女神考虑再三，认为欲免此厄，只有一法，就是用酒盅换取鼎盖。

于是，女神开始了周密的筹划。一天，她巧立名目，亲设盛宴邀请东京男岛神赴宴。酒过三巡后，女岛神开始以甜言蜜语游说男岛神，请求男岛神将鼎盖换给自己。男岛神酒意方酣，又听了女神的一番游说，再看看精美的酒盅，确实心动不已，于是立刻点头同意。从此以后，女神拥有了鼎盖宝贝。

而这东京城内，有一位钱员外，他得知岛神的鼎盖被酒盅换走后，一直担心有朝一日东京城沉没。于是，他找占卜先生问卜此事，没想到先生竟然真的说东京城下沉为期不远了！钱员外大惊失色，再三追问东京城沉没之前的征兆。占卜先生终于吐露说，当南澳岛北角山东面的大石狮脖子流血之时，就是东京城下沉之日。于是，钱员外立即行动：他一面赶造大船准备逃难，一面派一名婢女每天长途跋涉，前去观察大石狮。

这石狮旁边有一位屠夫，他发现每天清晨在石狮前总是见到一位女子在此观望。有一天，他终于按捺不住，上前询问缘由，

婢女讲明原委后，叹气道："我每天跑，跑得脚底都起泡了，还不知要跑多少回啊！"

屠夫十分怜惜婢女的境遇，他笑了笑，心里有了主意。第二天清晨，婢女来到北角山，惊奇地发现大石狮身上竟然鲜血淋

漓。婢女急忙赶回家，向钱员外报告。正当钱员外收拾细软匆忙登船之时，只听得轰隆一声巨响，东京城果然沉没到了海里！

这就是粤东闽南一带一直流传着的美丽传说：沉东京，存南澳。

◎ **"南澳Ⅰ号"的发现和盗捞**

　　到了21世纪之初，南澳海域传说中的"东京城"终于揭下了神秘的面纱。2007年，在南澳岛东南"三点金"海域，当地渔民潜入海底作业时，无意之中发现了一艘古代沉船。大家惊奇地发现这艘沉船上竟然载满了琳琅满目、精美绝伦的瓷器。原来大家在附近打捞出的器物，不是来自东京城，而是来自这艘古沉船。南澳海域发现古代沉船以及大量珍稀文物的消息不胫而走，引起了一片骚动。许多犯罪团伙和文物贩子闻风而动，千方百计地潜入海底，趁火打劫。2007年5月25日、26日，南澳县云澳边防派出所分别接到两次线报，立刻派出警力，先后抓获非法打捞水下文物嫌疑人10名，查扣大量珍贵文物，其中包括10件国家三级文物。

从那以后，人们不分昼夜，日夜守护着"南澳I号"，确保这艘明代沉船及其珍贵文物安然无恙。与此同时，广东省文物部门耐心地动员渔民们上交了之前出海打捞上来的瓷器并派遣专家对瓷器进行鉴定。大家发现，在古沉船上发现的大量瓷器主要是明代粤东、闽南及江西一带民间瓷窑生产的珍贵青花瓷器。

◎ "南澳 I 号"的打捞过程

　　2007年，南澳沉船水下考古队在沉船海域潜水探摸，定位了这艘沉船，将其命名为"南海 II 号"，并绘制出外围文物分布图，沉船平面总图和沉船纵、横剖面图，获取了大量的影像资料，采集外围文物近八百件。

▲ 考古清理

经过发掘和进一步研究，人们发现，虽然与"南海Ⅰ号"都同在南海海域，但这艘明代沉船与"南海Ⅰ号"大不相同。因此，不少专家纷纷对"南海Ⅱ号"这一命名提出异议，认为根据考古精确命名惯例，沉船不能简单地称

▼ 测绘

为"南海Ⅱ号",而应该根据发现准确地命名为"南澳Ⅰ号"。这一意见得到了专家们的广泛认同,2009年9月,"南海Ⅱ号"正式更名为"南澳Ⅰ号"。

根据"南澳Ⅰ号"沉船的地理特点、时代特征和环境状况,国家文物局批准了一套不同于"南海Ⅰ号"的全新打捞方案:"南澳Ⅰ号"的考古发掘采取"全面规划,分舱考古,逐一挖掘,系统研究"的作业方式,也就是说,考古队首先在船体上部及船体附近海域布设水下探方,然后按照水下考古作业流程逐层、逐舱、逐室进行考古清理、测绘、摄影和文物提取工作。

"南澳Ⅰ号"的打捞分三次进行。2010年4月至7月,考古队员对"南澳Ⅰ号"沉船进

行了首次打捞。这次共出水瓷器1万余件、铜
钱1.5万余枚，以及铜板、铁铳等重要文物。
"南澳Ⅰ号"沉船遗址被评为"2010年度全国
十大考古新发现"之一。2011年4月至11月，

▼ 摄影

考古队开展了"南澳 Ⅰ 号"第二次打捞工作。
这次共出水文物9500余件,以福建漳州窑青
花为大宗。2012年6月至9月,是"南澳 Ⅰ
号"的第三次打捞工作。至此,三次大规模水

▲ 文物提取

下考古发掘共出水文物约三万件，文物基本清理完毕。在三次水下考古发掘工作圆满结束以后，沉船及所载文物的保护工作显得格外重要：大量文物被清点整理之后，运往广东省博物馆珍藏；而"南澳Ⅰ号"沉船本身也是极具历史价值、文物价值的重要文物，为了避免现在有限的技术条件对其造成二次破坏，专家们决定让沉船暂时沉睡于海底，原址保护。

大浪淘沙

湮 没 于 海 上 丝 绸 之 路 的 宝 藏

3

"南澳Ⅰ号"
五大谜团

◎ "南澳Ⅰ号"的年代之谜

面对"南澳Ⅰ号",专家们首先要确定的就是"南澳Ⅰ号"的年代问题。目前,这一问题尚无定论,学者们对"南澳Ⅰ号"的年代持有不同意见,可谓众说纷纭,但多数专家认为这艘船沉没于明代万历年间。

赞同沉船年代为明代万历年间的专家,还进一步将"南澳Ⅰ号"的船主锁定在泉州海商李旦身上。

嘉靖年间的国际走私大王汪直被朝廷诱杀后,海盗商人李旦悄悄崛起,成为万历年间国内外影响最大的海商,其商业贸易占据了海外贸易市场的巨大份额。"南澳Ⅰ号"的沉没地点、可能的航线都与李旦的活动范围相符,再加上船上装载的铜料和大炮等物品也十分符合李旦走私海商的身份,专家们由此推测,"南澳Ⅰ号"是当时海商首领李旦的商船。

也有专家认为,"南澳Ⅰ号"并非万历三十六年(1608)以后的沉船,船主也不是李旦。嘉靖三十五年(1556)的《江西省大

志·陶书》已经记载了回青料流入民间的状况，而且嘉靖、万历年间常用的回青料在万历三十年（1602）左右就基本不再进口了。所以，发现大量景德镇民窑回青料青花瓷器的"南澳Ⅰ号"，不可能是活跃于万历三十五年（1607）以后的李旦的商船。

那么，"南澳Ⅰ号"又有可能是什么时期的沉船呢？通过将"南澳Ⅰ号"沉船上的景德镇瓷器与大量同时期沉船上的瓷器，如莫桑比克沉船（沉没于嘉靖三十七年，即1558年）上的同类瓷器和墨西哥加利福尼亚沉船（沉没于16世纪70年代）上的瓷器比较，持此意见的专家断定，"南澳Ⅰ号"应该是隆庆开海之际的一艘沉船。

根据现有的证据，我们尚不能断定这艘明代沉船的确切年代。但是，随着考古工作的不断展开、断代技术的不断升级，我们相信"南澳Ⅰ号"的年代问题终会有一个令人信服的答案。

◎ "南澳I号"的线路之谜

　　"南澳I号"从哪里出发，它满载着的精致瓷器和各类商品又将被运抵何处销售呢？这个问题一直牵动着考古队员和各路专家学者的心。通过沉船所载文物流露出的蛛丝马迹，并结合历史记载，专家们将"南澳I号"的出发港锁定在明代中后期的重要港口——福建漳州月港上。

　　那么，"南澳I号"从月港出发后，又将选择什么线路呢？由于南澳海域正位于海上东亚古航线的"十字路口"，因此有人认为，"南澳I号"从东洋可至朝鲜、日本，往西洋可到东南亚、南亚、西亚和非洲等地，甚至是欧洲各国。也有人认为，"南澳I号"的目的地是受汉文化影响明显的区域，如朝鲜、日本及东南亚等国家和地区。还有人认为，"南澳I号"与当时盛行的"马尼拉大帆船贸易"有关……

　　这些猜测都各有各的道理，但都不足以全面、准确地反映"南澳I号"在当时的社会背景下可能选择的更多贸易线路。因此，有专家在综合这些观点的基础上，结合相关的历史记载和考

古发掘出的实物资料，推测"南澳Ⅰ号"的航线分为两段，共有三种可能。

扬帆起程后，"南澳Ⅰ号"海外之旅的第一段，是从中国福建漳州月港远航到菲律宾马尼拉。隆庆元年（1567），西班牙占领菲律宾，并以马尼拉为基地，开辟了到美洲的航线，这条航线上的"马尼拉大帆船贸易"一度十分繁荣。于是，中国海商也开辟了一条自漳州至马尼拉的航线，这条航线上往来的中国商人络绎不绝。"南澳Ⅰ号"的沉没位置，正处于这条航线的初始航段。

商船抵达马尼拉后，船主会出售一部分货物满足当地居民的消费需求，其中，瓷器最受欢迎。今天，我们仍可以在菲律宾找到许多与"南澳Ⅰ号"上出水的漳州窑瓷器、景德镇

马尼拉

窑瓷器类似的产品。

　　除了向当地居民销售部分货物外，"南澳
I号"上的更多货物会由开往不同航线的商船
运往世界各地进行销售。

　　第二段航路，主要有三条航线。

　　第一条航线：从马尼拉至日本。隆庆开海
后，政府禁止民间商人去日本做生意。因此，
明代中国与日本的贸易只能通过东南亚国家转

『马尼拉大帆船贸易』航线一

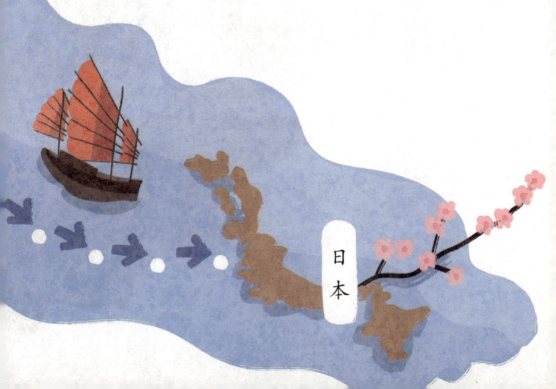

日本

口进行，也正是通过这条航路的中转，来自中国的私铸铜钱和瓷器得以贩往日本。日本冈城遗址中曾出土过与"南澳Ⅰ号"风格相同的漳州窑瓷器，这些瓷器就是通过马尼拉至日本的航线贩运过去的。

『马尼拉大帆船贸易』航线二

欧洲

"南·澳·Ⅰ·号"·上·的·宝·藏

　　第二条航线：从菲律宾南下，经马六甲海峡进入印度洋，途经西亚和非洲地区，最后到达欧洲。土耳其托普卡比博物馆收藏了不少与"南澳Ⅰ号"风格相同的福建漳州窑、景德镇窑瓷器。这些瓷器便是隆庆开海之后，运输中国瓷器的商船在西亚国家开展贸易活动留下的。不过，在"南澳Ⅰ号"所处时期，这条旧航路受到了西班牙大帆船新航路的冲击，地位已经大不如前了。

马尼拉

　　第三条航线：马尼拉至墨西哥，这也是由马尼拉出发的最主要的一条航路。西班牙人入侵菲律宾后，派遣大帆船满载亚洲的香料，运往墨西哥南海岸的阿卡普尔科，连接亚洲和美洲的"大帆船贸易"由此开始，并日益繁盛。在墨西哥城发现的与"南澳Ⅰ号"上的瓷器风格相同的景德镇窑瓷器，如青花丹凤朝阳盘、青花瓷碗、五彩碗，就是这条航路上重要的遗存。

马尼拉

◎ "南澳Ⅰ号"上的瓷器之谜

　　"南澳Ⅰ号"上众多的出水文物中,其中约三分之二为瓷器。这些瓷器大多是景德镇窑和漳州窑系瓷器,既有物美价廉、性价比高的中低档瓷器,也有做工精致细腻、追求奢侈高雅的高档瓷器。那么,"南澳Ⅰ号"上为什么会有这么多不同种类、不同档次的瓷器呢? 这些瓷器又缘何得以大量出口呢?

墨西哥

『马尼拉大帆船贸易』航线三

专家认为，从航海的角度讲，"南澳Ⅰ号"上的中低档瓷器很有可能是用来压舱的。当远航的船只空载时，如遇到风浪，船体会剧烈颠簸，十分危险。因此，在船舱的底部需要放置一些价格不贵但分量重的商品，以避免船体在风浪中倾斜，这就是航海术语"压舱"。同时，这些中低档瓷器还可以在目的港销售，可谓一举两得。因此，目前发现的许多沉船上都有这类商品。

17世纪以来，西方对中国瓷器的需求量日益增加。据统计，当时荷兰东印度公司平均每年从中国采购瓷器约二十万件。明代中后期，上千万件中国瓷器被葡萄牙、荷兰的商船源源不断地贩往世界各地，景德镇的外销瓷需求量骤增。"南澳Ⅰ号"沉船上出水的景德镇窑青花瓷器，正是明代我国瓷器出口海外盛况的一个缩影。

景德镇窑青花瓷器被大量外销，主要得益于四个方面的原因：

明代晚期，景德镇瓷器的生产规模在国内遥遥领先。景德镇的地理条件优越，这里的高岭土为瓷器生产提供了丰富的原材料，大片的森林为瓷器生产提供了充足的燃料，附近的昌江则提供了水源和良好的运输条件。明政府在此设立官窑，开办御器厂，促进了当地包括民窑在内的整个制瓷业的突飞猛进。景德镇最终脱颖而出，成为明清时期我国瓷器生产"一枝独秀"的中心城镇。

　　从明代中期开始，资本主义在中国萌芽。此时，城市工商业迅速发展起来，景德镇青花瓷器在继承传统的基础上不断开拓创新，进入转变期。景德镇瓷器的器型、青花料和纹饰题材都发生了改变，瓷器销售市场日渐扩大。

回青

　　一种蓝色颜料，是明代御窑厂烧制瓷器使用的一种进口原料，因是从西域进口的，所以称为"回青"。

官搭民烧

　　官窑瓷器只在御窑厂内完成制坯、成形、彩绘等工序，然后在民窑中完成瓷器烧制的做法。

45

　　明代中期前，御器厂基本垄断了最熟练的工匠和最好的制瓷原料。而明代后期，由于烧造任务过重，御窑厂管理混乱、供不应求，所以不得不将烧造任务委派给民窑，即"官搭民烧"。景德镇官窑体制的改革措施使得质量上乘的御窑产品流入市场，呈现出"官民竞市"的繁荣景象。

　　"官搭民烧"政策施行后，为了维持御器厂的垄断，官员们经常利用特权盘剥民窑，"官搭民烧"烧造的瓷器数量激增。御窑厂将任务交给烧瓷技术好、质量高的民窑，要求其生产出来的成品达到规定的标准，否则就要购买御器厂生产的瓷器顶替。这种苛刻的要求迫使民窑在保证产量的同时提高生产质量，民窑瓷器由此大放异彩。

　　匠籍的改革和纳银代役办法的施行，也使得更多原本只能为官府服务的官匠可以自由从事生产，景德镇民窑的生产技术得以整体提高。同时，瓷器生产的专业化程度也不断提升，从制坯、修坯、描画纹饰到上釉、书写等流程，都由不同工种的匠人分工完成，这极大地提高了瓷器的生产效率和烧制效果。

49

　　隆庆年间解除海禁，中国外销瓷器由此进入繁荣期。15—16世纪，欧洲还烧制不出可以与中国瓷器媲美的硬质瓷器，再加上景德镇民窑青花瓷吸收了官窑瓷器的成熟工艺，品质逐步提高，中国瓷器迅速占领了欧洲消费市场。后来，荷兰商人又将欧洲人惯用的器皿造型和纹样介绍到中国，因此，景德镇生产的日用瓷就更加符合欧洲消费者的审美习惯，受到更广泛的欢迎。

　　但是，单靠景德镇一地，还远远不能满足欧洲市场庞大的需求。而且，景德镇瓷业本身还在经历高岭土的官属和自由开采之争、官民窑之争，以及火烧御窑厂的暴力斗争，极大地影响了瓷器的生产。于是，西方商人手捧景德镇瓷器样品，拿着西方人喜爱的图样，四处寻找加工点，潮州窑等诸多华南沿海的民窑便获得了大量外来订单，产量骤增。这也是"南澳Ⅰ号"存有大量瓷器的原因。

◎ "南澳Ⅰ号"上的铜制品之谜

　　"南澳Ⅰ号"出水的文物除了瓷器、铁器、陶器等器物外，还有少量的铜器和大量成串的凝结在一起的铜板、铜钱，甚至还有铜炮等物件。然而，明代实行"海禁"政策，还颁布过"禁铜令"，严禁出口铜钱、铜器等，那么，这些"违禁物品"又为何会出现在这艘商船上呢？

　　原来，东南沿海地区耕地少，百姓难以通过农业生产来维持生计。尽管明政府实施"海禁"政策，可是沿海的民间商人纷纷"另辟蹊径"，开始以走私的方式与海外进行贸易。东南沿海的一些近岸岛屿，如福建、广州两省交界的南澳岛，福建漳州附近的岛屿等都成了走私贸易繁盛的"据点"，云集着大量的走私船只，"南澳Ⅰ号"就是其中的一艘。

　　商人们把大量铜材作为原材料走私出口，运送到海外进行深加工，再转手贩卖，获取高额利润。明代的铜钱在诸多海外地区都是硬通货。以日本为例，日本当时的铜钱铸造工艺较低，中国商人就把铜钱出口到日本。当时在中国国内，一两白银相当于

七百文铜钱，但转运到日本后，每贯（七百至一千文）铜钱可换回四两白银，有两三倍的利润。因此，将铜钱走私到海外的贸易一度非常繁荣。

然而奇怪的是，"南澳 I 号"虽然是一艘明代沉船，这些铜钱的钱文却大多是"祥符通宝""皇宋通宝""熙宁通宝"等字样，似乎是不折不扣的"宋钱"。那么，这艘明代中后期的沉船为什么依然会走私大量"宋钱"呢？

▲ 祥符通宝   ▲ 皇宋通宝

仔细观察这些铜钱，专家们发现，它们以"缗"为单位穿引捆扎，而且大小规制相同，非常整齐，不大可能是宋代流通至明代的旧币，而应该是明代私铸币。原来，在明代市面上流通的货币中，大部分是唐、宋钱，尤其以宋钱居多，明钱只占一小部分。由于明代铜钱发行量少，满足不了市场需求，所以，民间常常私铸铜钱，而私铸铜钱多为唐、宋钱。"南澳Ⅰ号"上的"宋钱"，正与此历史背景息息相关。

明代海商走私到海外的铜钱，有相当大一部分是这种民间私铸钱。当时，月港邻县的龙溪县就是私铸钱出口、走私的据点，而"南澳Ⅰ号"上的这批"宋钱"，即由明代漳州地区私铸。大量民间私铸铜钱流入日本，成为当地主要的流通货币。明人郑舜功于嘉靖年间出使日本，称日本人"彼重中国之钱，不计龙溪之伪"，足见当地人对从中国输入的私铸币接受程度有多高。

◎ **"南澳Ⅰ号"上的日常生活之谜**

作为一艘出海商船，除了满载要运往海外销售的货物外，"南澳Ⅰ号"上还搭乘了不少船员和中小商人，那么，这些船上的乘客在航行中是如何生活的呢？面对一望无际的茫茫大海，以及长期远航的单调和无聊，他们又怎么娱乐休闲呢？对于这些问题，"南澳Ⅰ号"上的不少出水文物给我们提供了线索。

在考古发掘过程中，考古队员们发现，在"南澳Ⅰ号"的各个船舱里，散落着不少棋子、骰子。从数量和分布上，大家推断这些并非出口商品，而是船员的个人物品。这正是明代末期，民间博戏活动盛行的一个缩影。

明代中期，商业得到了长足发展，不受商业影响的偏僻地区变得寥寥无几，社会上呈现出商品经济繁荣和文化发展活跃的状态。明代国家上下沉溺于风流浮华之中，传统庄严安定的社会氛围受到冲击，追求奢华享乐与流连博戏成为流行的社会风气。其中，处在经济前沿的东南沿海地区尤为盛行这种风气。

闽粤沿海地区的商贸活动极为活跃，百姓的日常收入提高，开始追求物质享受，丰富多彩的娱乐休闲活动受到追捧，再加上社会大风气的影响，当地的博戏之风更炽。无论城市，还是乡村，好弈棋乃至好赌成为一种日常生活习尚。

不少描写晚明文化的小说都真实地再现了当时的社会风气。《金瓶梅》中就记载了当时的市井弈棋活动，西门庆和家里的侍妾、仆妇，以及社会上的市井帮闲都十分喜爱围棋；不少文人的童仆也不喜读书，痴迷于此，每当主人与宾朋好友博弈，往往侍立一旁通宵观棋。不难想象，当晴空万里、风平浪静之时，明代商船平稳地行驶在海面上，船上的水手、商人们三三两两聚在一起，执黑、白棋子在棋盘上厮杀博弈，旁边则是围成一团的观棋者。每当双方交战到激烈之处，大家都屏气凝神地紧盯着棋局，不敢作声。偶有妙手天成之笔，大家又拊掌大笑、纷纷叫好，原本漫长、单调的旅程也变得充满乐趣。

除了丰富有趣的文体娱乐活动，船员和乘客们的饮食也多种多样。考古人员在沉船上发现了许多船员和乘客们遗留下来的有机物，有保留完整的核桃，有尚未碳化的水果果肉，有状似荔枝核的黑色果核，还有橄榄核……这些都是当年船上人员的食用果品遗留物。其中，核桃多产于北方，橄榄与荔枝则是典型的南方果实，船上的饮食可谓南北荟萃。

▲ 橄榄

▲ 荔枝

57

核桃属于坚果，耐存储，历经几百年而不烂，船上的乘客可以长久地享用。橄榄相对耐久，但也难以保鲜数月。而荔枝尤其不耐存放，离枝易坏，有"一日色变，二日香变，三日味变，四日色香味尽去"的特点。对此，古人又摸索出焙干技术，使味道鲜美的荔枝能被更好地保存下来。这种办法在明代的福建民间已经十分流行，当地居民还把

▲ 核桃

荔枝干大量转卖到南方各地。尽管已经有了焙干技术，但在仓储和运输均不发达的古代，橄榄、荔枝还是属于"珍果""贡品"一列，寻常的北方居民很难吃到。诗人们也常常慨叹"五岭麦秋残，荔子初丹。绛纱囊里水晶丸。可惜天教生处远，不近长安"（出自《浪淘沙·五岭麦秋残》）。对于商船上的人们来说，能够在出航的前程吃到新鲜荔枝，在后面的旅程中吃到甜美的荔枝干，大概也可以稍微弥补出海贸易的种种艰苦了吧。

湮 没 于 海 上 丝 绸 之 路 的 宝 藏

4

“南澳 I 号”上的
出水瓷器

◎ "南澳Ⅰ号"上的出水瓷器

　　"南澳Ⅰ号"上出水的文物以瓷器最多。这些瓷器主要是福建漳州窑系和江西景德镇窑系的产品，以青花瓷器为主，还有部分五彩瓷器，另有少量青釉、白釉、青白釉瓷器，包括盘、碗、罐、杯、碟、盒、钵、瓶等各种器类。这些瓷器上的纹饰有人物、花卉、动物等图案以及汉字，底款有"福""寿""万福攸同""富贵佳器""大明年造"等。

▲ 盘　　　　　　　　　▲ 罐

▲ 碗　　　　　　　　　▲ 碟

▲ 盒　　　　　　　　　▲ 钵

◎ **青花凤纹盘**

　　青花凤纹盘胎体厚重，胎色为灰白色，通体施青白釉，釉色泛青。盘内沿以单弦纹装饰，内壁以菊花纹装饰，其中共有四朵

菊花。器物内底，在弦纹内又以凤纹装饰。凤纹绘画较为粗犷，凤头扁长，脖子细长，有飘带形的尾巴。凤单腿站立，凤首朝阳，寓意"丹凤朝阳"，间或饰有祥云、花草等纹样。

▲ 青花凤纹盘

◎ **青花海水鱼纹盘**

　　鱼纹是明代瓷器常见的一种纹样，"鱼"与"余"同音，寓意"富贵有余""连年有余"。这件出水于"南澳Ⅰ号"的青花海水

鱼纹盘，盘内绘青花鱼跃图，鱼的背鳍尤其突出，表达了美好的祝愿。整体来看，盘内图案线条简洁明快，笔法生动洒脱，鱼纹动感强烈，从海水中跃出的一瞬间更是神采飞扬。虽然绘饰并不精细，但活泼传神。

▲ 青花海水鱼纹盘

◎ **青花高士观景图折沿盘**

瓷盘敞口、折沿、平底，胎体厚重，胎色为灰白色，通体施青白釉，釉色泛青，纹饰颜色泛灰。盘上的绘画粗犷，酣畅淋漓，形象概括、简繁得当，人物显得十分生动洒脱，又很有飘逸感。整体画面布局严谨，给人以简洁和有空间纵深的感觉。

高士图纹饰

古代人物画中以文人雅士的情趣生活为题材的纹饰。这种纹饰的构图和画法与同时期的历史人物画相似，但画面的主题没有历史人物画那么明确。

67

▲ 青花高士观景图折沿盘

　　瓷盘的内底用弦纹将纹饰分为内、外两层。其中，内层为人物纹，绘有一幅高士观景图。画面中的高士头戴丝帽，下颌留着长须，身着长袍，并束腰。他立于花间，把双手抄在背后，挺着肚子，头微微抬起。

◎ **青花双龙赶珠纹碗**

　　青花双龙赶珠纹碗出水于"南澳 I 号"，器物表面所绘的龙纹形体细长，身体呈桥形拱起。龙的头部像鳄鱼般扁长，上、下唇

68

均加长并向上翻翘，嘴巴大张，双目突出，鼻端被处理成如意形。鬃发茂盛整齐，向后上方飘拂。龙身上的鳞片呈锯齿形，龙爪也不是五爪。从整体上看，绘画的笔法较粗犷，简略随意，注重仪态的表现。龙呈现出英姿勃发、充满力量的形态，充满动感。

▲ 青花双龙赶珠纹碗

◎ **青花兰花纹杯**

▲ 兰

兰是我国十大名花之一，品种繁多，一年四季开花，因此又有"四时不谢"之称。兰耐得住寂寞，自尊自爱。它生于幽谷，却

▲ 梅

70

从不以无人而不芳，而是独自绽放，香气幽远怡人、淡雅清幽，正合君子宁静致远、孤独清高、不落俗囿的高雅情趣。因此，兰深得古人的喜爱，与梅、竹、菊合称"四君子"。

古人用兰花纹来装饰瓷器，也正是寄托了这种情怀。不过，明代的瓷器中，以兰作为主题纹饰的并不多。一般而言，兰都会与竹石、灵芝等组合在一起，表达完整的寓意。但因为兰草形状简单，因此，明代前期的瓷器中还是偶有单绘兰草的，不过到了明代中后期，兰草多与山、石等组合为完整画面，具有清新典雅的意境。

▲ 竹

▲ 菊

71

这件青花兰花纹杯以青花绘兰花纹饰，纹饰浓重处蓝中泛黑。杯壁上的兰花叶子修长舒展，花朵色泽淡雅。画匠只用寥寥几笔就把兰草流畅简洁的线条刻画出来。兰花的造型于豪放之中见稚拙，显得别有一番趣味。器物底部还有青花楷书"福"字，表现出工匠对生活的美好期许和祝愿。

▲ 青花兰花纹杯

◎ 青花花鸟纹碟

　　器物的内壁及内底以花鸟纹装饰，仔细观察，这正是一幅喜鹊登枝图。喜鹊在中国人眼中是好运和福气的象征，传说每年七月初七，人间所有的喜鹊都会飞上银河搭起一座鹊桥，使被分隔

鹊桥会

▲ 青花花鸟纹碟

在银河两边的牛郎、织女得以相会。所以，鹊桥常被认为是男女姻缘的象征，现在举办婚礼时还是喜欢用喜鹊纹样的剪纸来装饰婚房。

在中国民间，大家相信，喜鹊是一种有灵性的鸟类，能够向人们报告喜讯，喜鹊的出现就意味着将有喜事来临。据说，唐代贞观年间，有一个名叫黎景逸的人，他家门前的树上有个鹊巢，他经常喂食喜鹊。一天，邻居诬陷他偷窃，黎景逸被关进了大牢。正当他悲痛不已时，却发现家门前的那只喜鹊在狱窗前叫个不停，没过几天，

黎景逸就被无罪释放了。自此，大家对喜鹊报喜的说法
更加确信了。

　　青花花鸟纹碟的内底所绘的喜鹊登枝图，正是借用
了喜鹊报喜的含义，寓意喜事将至、好运连连。画面中
的喜鹊正伫立在枝头，体态婀娜，静中有动，神态生动
自然，生活气息十分浓郁。

◎ 青花麒麟纹碟

　　麒麟是古代传说中的一种动物。它性情温和，不伤
人畜，也不践踏花木，古人将其视为有德行的仁兽。此
外，它寿命极长，古人因此将它看作神兽、瑞兽，用以
象征祥瑞和太平盛世。大家还相信麒麟与生育、子孙有
关，我国民间还有"麒麟送子"的传说。

　　传说，麒麟的长相十分古怪，看起来非常像鹿，但
头上有角，全身有鳞甲，尾巴又像牛尾。由于麒麟是传
说中的动物，关于它的外貌描述也不尽相同。因此，在

麒麟送子

▲ 青花麒麟纹碟

元代，匠人开始将麒麟用作瓷器纹饰时，有时会将麒麟描绘成鹿头、牛蹄、马尾的样子，有时又将其描绘成虎头、马头，甚至身带鬃毛、有狮子一样的爪子的猛兽。

青花麒麟纹碟，通体施青白釉，釉色泛青。盘内中心部分绘青花麒麟纹饰，浓重处略微泛黑。麒麟纹被安排在器物的主要部分，四周空白的少许空间以花草等纹饰填充补配，很好地平衡了整体效果，显得布局严谨。瓷碟底部的青花方框内有楷书"福"字款。

◎ **青花杂宝纹"寿"字盖盒**

这件瓷器由盖和盒两部分组成,盖面有楷书"寿"字,腹部饰双弦纹和杂宝纹。盒面外壁也饰以杂宝纹。瓷器的胎体洁白致密,器身施青白釉,釉色泛青,瓷器上的青花纹饰微微泛灰。

"杂宝纹"中的宝物,主要有佛教法器、寓意吉祥的器物等。起初,元代的"杂宝纹"主要包括犀角、银锭、太阳、珊瑚、火焰等。其中,银锭象征财富,珊瑚一直是被古人钟爱的祥瑞之宝,火焰是物体燃烧时炽热的光华,象征生机勃勃。

▲ 青花杂宝纹"寿"字盖盒

到了明代，祥云、灵芝、方胜、艾叶、卷书、笔、磬、鼎、葫芦等纹饰也被采用。方胜是古代一种首饰，形状是由两个斜方形一部分重叠相连而成，后也借指这种形状的图案或纹样，寓意财富；艾叶，象征祛除病邪；卷书和笔，寓意读书人的文章功名；磬是古代的一种打击乐器，由美石制成，声音激越清昂，象征高洁的品德操守；在古代，鼎是高贵的礼器，也是天子权威的体现，在这里象征显赫、盛大；葫芦枝叶繁茂、藤蔓缠绕、多籽多果，

杂宝纹

"杂宝"，指各种珍宝。在元代，它作为一种瓷器纹饰出现，由于这种纹饰中会绘制多种多样的宝物，所以被称为"杂宝纹"。

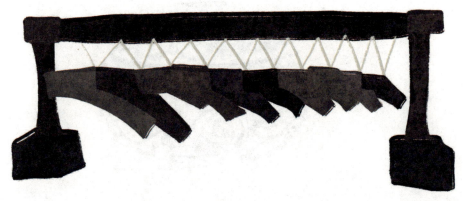

▲ 磬

又与"福禄"谐音，象征子孙繁茂、吉
祥如意。

> **钵**
>
> 一种盛贮器，器
> 型特点为口大底小，
> 平底，圈足，深腹或
> 浅腹。它原为僧徒专
> 用的食具，随着时代
> 发展，也在民间被广
> 泛使用。

◎ 青花缠枝花卉纹钵

这件青花缠枝花卉纹钵，器身施
釉，但口沿不施釉，外壁饰以缠枝花
卉纹。纹饰中的花朵相对较大，叶片

▲ 青花缠枝花卉纹钵

▶ 爬山虎

相对较小，把各种寓意吉祥的花朵都结合于其中，把绵延弯曲、细腻婀娜、体态生动之美表现得淋漓尽致。

缠枝纹是中国传统青花瓷中最主要和最具特色的装饰纹样，也是明、清两代青花工艺最重要的装饰语言。它在常青藤、金银花、爬山虎等寓意吉祥的藤蔓植物形象的基础上提炼而成，并可与不同的花果组合成不同的纹饰，如缠枝菊、缠枝牡丹、缠枝莲、缠枝石榴，以及人物鸟兽缠枝纹等，因此具有旺盛的艺术生命力。

◎ **青花缠枝花卉纹玉壶春瓶**

"南澳Ⅰ号"出水的器物中，有一件十分别致，它撇口，束颈，溜肩，鼓腹，圈足。整个器物由左、右两个对称的"S"形弧线构成，线条饱满柔和，具有优雅匀称的美感。根据器物外形的特点，专家们将它命名为"玉壶春瓶"。

有人认为，"玉壶春瓶"美丽的名字来源于一句优美的诗，"玉壶先春，冰心可鉴"。也有人认为，这个动听的名

字是从"玉壶春"酒而来。唐代，人们多称
酒为"春"，"玉壶春"本为一种酒名，"玉
壶春瓶"本是酒器，后来沿用，逐渐固定为
一类器物的总称。

　　北宋时，玉壶春瓶开始出现，北方的
磁州窑、定窑、耀州窑、汝窑等地均有烧
制，足见消费者对其喜爱的程度。之后，
这一瓶式得到沿用，随着时代的变迁，器
物的各部分比例有所调整，但整体的装饰
美感仍十分鲜明。在元代，玉壶春瓶基本
沿袭宋代形制，体形修长纤细。到了元末，
玉壶春瓶的颈部略微变粗、腹部略微肥大。
到了明代，瓶身有粗壮趋势，重心下移，
看上去更为稳重。清代的玉壶春瓶基本与
明代玉壶的春瓶相似。

▲ 玉壶春瓶

湮 没 于 海 上 丝 绸 之 路 的 宝 藏

5

"南澳Ⅰ号"的
价值

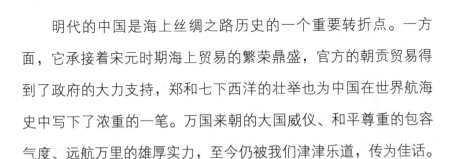

　　明代的中国是海上丝绸之路历史的一个重要转折点。一方面，它承接着宋元时期海上贸易的繁荣鼎盛，官方的朝贡贸易得到了政府的大力支持，郑和七下西洋的壮举也为中国在世界航海史中写下了浓重的一笔。万国来朝的大国威仪、和平尊重的包容气度、远航万里的雄厚实力，至今仍被我们津津乐道，传为佳话。

　　另一方面，此时的中国却因为倭寇侵犯、敌对力量频繁骚扰边境而被迫实行"海禁"政策，民间海外贸易受挫，不得不由公开转向走私，虽然曾短暂地开禁，但对整体格局影响不大，海上丝绸之路也因此深受打击。可以说，明代是海上丝绸之路由盛转衰的重要转折点，"南澳Ⅰ号"恰恰为研究明代海上贸易发展脉络提供了一把钥匙，帮助人们打开历史的百宝箱，一探当时的奥秘。

　　"南澳Ⅰ号"作为明代中后期的一艘沉船，充分显示了位于东亚古航线"十字路口"的南澳海域在中外贸易航线中的重要地位。"南澳Ⅰ号"的价值还在于，首先，沉船本身对于进一步研究我国明代商船的船型结构、材料，航海技术是弥足珍贵的；其次，它

对后人深入了解明代政府解除"海禁"命令后的海外贸易发展有着非常重要的意义；再次，该船首段的航线又与西班牙马尼拉大帆船环球贸易密切相关，这对于我们进一步了解16世纪后半叶新航路开辟后的海洋贸易状况具有极其重要的价值，为研究中外文化交流提供了宝贵的资料。

另外，船上出水的一大批瓷器，虽然有很多产自民窑，还有不少属于压舱的中低档商品，收藏价值不是太高，但这些珍贵的样品也为研究明代中后期的瓷业生产提供了丰富的实物资料，使我们切身感到明代瓷器工匠精湛的技艺、高超的水准。

"南澳Ⅰ号"是我国水下考古的一次成功尝试，是中国水下考古的标志性与规范性项目。有了这次成功的经验，今后，这一古老航线上其他未知的沉船也会得到更好的保护和研究，更多的谜团将被揭开。古代海上丝绸之路辉煌历史的画卷，也将更清晰、更完整地呈现在我们面前。

更多精彩请看
"大浪淘沙：湮没于
海上丝绸之路的宝藏"系列

《奔向大海》

《探秘宋代海上丝绸之路》

《价值连城的"南海Ⅰ号"》

《探秘明代海上丝绸之路》